BEI GRIN MACHT SICH IHR WISSEN BEZAHLT

- Wir veröffentlichen Ihre Hausarbeit, Bachelor- und Masterarbeit

- Ihr eigenes eBook und Buch - weltweit in allen wichtigen Shops

- Verdienen Sie an jedem Verkauf

Jetzt bei www.GRIN.com hochladen und kostenlos publizieren

Bibliografische Information der Deutschen Nationalbibliothek:

Die Deutsche Bibliothek verzeichnet diese Publikation in der Deutschen Nationalbibliografie; detaillierte bibliografische Daten sind im Internet über http://dnb.d-nb.de/ abrufbar.

Dieses Werk sowie alle darin enthaltenen einzelnen Beiträge und Abbildungen sind urheberrechtlich geschützt. Jede Verwertung, die nicht ausdrücklich vom Urheberrechtsschutz zugelassen ist, bedarf der vorherigen Zustimmung des Verlages. Das gilt insbesondere für Vervielfältigungen, Bearbeitungen, Übersetzungen, Mikroverfilmungen, Auswertungen durch Datenbanken und für die Einspeicherung und Verarbeitung in elektronische Systeme. Alle Rechte, auch die des auszugsweisen Nachdrucks, der fotomechanischen Wiedergabe (einschließlich Mikrokopie) sowie der Auswertung durch Datenbanken oder ähnliche Einrichtungen, vorbehalten.

Impressum:

Copyright © 2016 GRIN Verlag
Druck und Bindung: Books on Demand GmbH, Norderstedt Germany
ISBN: 9783668417830

Dieses Buch bei GRIN:

https://www.grin.com/document/356484

Marwin-Domingo Gorczak

Chancen und Probleme eines inklusiven Unterrichtssettings

Eine objektiv-hermeneutische Textanalyse

GRIN Verlag

GRIN - Your knowledge has value

Der GRIN Verlag publiziert seit 1998 wissenschaftliche Arbeiten von Studenten, Hochschullehrern und anderen Akademikern als eBook und gedrucktes Buch. Die Verlagswebsite www.grin.com ist die ideale Plattform zur Veröffentlichung von Hausarbeiten, Abschlussarbeiten, wissenschaftlichen Aufsätzen, Dissertationen und Fachbüchern.

Besuchen Sie uns im Internet:

http://www.grin.com/

http://www.facebook.com/grincom

http://www.twitter.com/grin_com

Universität Potsdam Potsdam, 04.01.2016
Humanwissenschaftliche Fakultät
Department Erziehungswissenschaften
Theorie der Schule und des Lehrplans
WiSe 2015/16
S: Kasuist. Annäherung an Unterrichtsmeth.

Chancen und Probleme eines inklusiven Unterrichtssettings
Eine objektiv-hermeneutische Textanalyse

Hausarbeit zum Seminar „Kasuistische Annäherung an Unterrichtsmethoden",
WiSe 2015/16

Marwin-Domingo Gorczak
Studiengang: M. Ed. LG Latein/Physik
Fachsemester: 1/1

Inhaltsangabe

1. Einleitung 1
2. Fallanalyse 1
3. Zusammenfassung 9

1. Einleitung

Der Begriff „Inklusion" ist in den letzten Jahren mehr und mehr in den Medien aufgetaucht und kontrovers diskutiert worden. Das hängt insbesondere mit der Verabschiedung der UN-Behindertenrechtskonvention im Jahre 2006 und der anschließenden Ratifizierung im Jahre 2009 zusammen, mit der sich Deutschland dazu verpflichtet hat, ein inklusives Bildungssystem auf allen Ebenen einzuführen. Demzufolge sollen Menschen mit Behinderungen das gleiche Recht auf Bildung haben wie Menschen ohne Behinderungen, ohne Diskriminierungen zu erfahren und unter Gewährleistung der Chancengleichheit. Damit ist die Institution Schule formal inklusiv und dazu angehalten, Schüler mit und ohne Behinderungen gemeinsam zu beschulen und eventuelle Diversitäten so gering wie möglich zu halten. Daraus ergeben sich für die Schule neue Herausforderungen, mit denen von Seiten der Lehrer ganz unterschiedlich umgegangen wird.

Das Ziel dieser Hausarbeit ist es nun, anhand eines konkreten Falls die Chancen sowie die Probleme eines inklusiven Unterrichtssettings herauszuarbeiten. Hierbei sollen mithilfe der objektiven Hermeneutik der Beispieltext analysiert und die Schlussfolgerungen möglichst nah am Wortlaut gezogen werden. Dieses Verfahren versucht Antworten darauf zu geben, wie gut ein theoretischer Ansatz in einem konkreten Fall – in diesem Beispiel die Inklusion in der Schule – praktisch umgesetzt wurde. Aus der Untersuchung können dann Schlussfolgerungen gezogen werden, die helfen können, ein Bewusstsein für mögliche Probleme aufzubauen und Lösungswege zu finden.

2. Fallanalyse

Im Folgenden wird ein Unterrichtsausschnitt aus einer ersten Klasse betrachtet, die sich in der dritten Schulwoche nach der Einschulung befindet. In dieser Klasse gibt es ein Mädchen, Yelin, mit einer leichten Gehbehinderung.

Zu Unterrichtsbeginn versucht die Lehrerin, ein neues Symbol für ein Mathebuch einzuführen, was die Schüler daraufhin mit noch anderen Arbeitsmaterialien holen müssen. Die Schüler gehen dann im Raum umher und suchen nach dem Buch, was sich aber als schwierig erweist, weil sie offenbar noch keine genaue Vorstellung davon gewonnen haben, wie das gesuchte Buch aussieht. Mit der Arbeitsweise der Schüler scheint die Lehrerin unzufrieden, was sie offen zeigt:

Lehrerin: *so es is mir viel zu unruhig es hat längst gegongt kinder.*

Die Lehrerin beschwert sich in dieser Situation über die Unruhe, die erst dadurch entsteht, weil sie die Kinder dazu auffordert, ihre Sachen zu holen. Durch den Einsatz der Worte *viel zu* deutet sie an, dass ein Bisschen Unruhe beim Holen zwar erlaubt, das Maß in dieser Situation aber schon überschritten ist. Die vor den Satz gestellte Partikel *so* bekräftigt ihre Aussage dahingehend noch einmal. Nach dem ersten Hauptsatz fügt sie einen weiteren hinzu, indem sie den Umstand beschreibt, dass es *längst gegongt* hätte. Mit diesem Nachsatz gibt sie gewissermaßen eine Begründung, warum Unruhe hier unangebracht ist. Demzufolge ist es den Kindern nicht erlaubt, nach dem „Gong" Unruhe zu erzeugen. Damit stilisiert sie den Gong als Indikator für die Schüler, wann sie ruhig sein müssen. Die beiden Sätze sind also als Ermahnung der Schüler aufzufassen, was auch das nachgestellte *kinder* klar zeigt. Die Lehrerin scheint sich hier wenig darauf einlassen zu können, dass die von ihr gestellten Aufgaben zu dieser Situation geführt haben und die Kinder mit diesen überfordert sein könnten. Sie befasst sich hier wenig mit den Einzelinteressen ihrer Schüler und scheint mit der gesamten Klasse unzufrieden, woraufhin die kollektive Ansprache *kinder* hindeutet.

Nun würde man eine Neuformulierung der Aufgaben oder die Frage von der Lehrerin an die Schüler erwarten, ob die Aufgabe überhaupt richtig verstanden wurde. Dies bleibt sie aber schuldig, stattdessen versucht sie die Schüler weiter zur Ruhe aufzufordern, wirkt damit jedoch überfordert:

Lehrerin: <u>*shhhhhhh*</u> *(stark betont) äh hört mal. hört mal ...*

Dieser kurze Ausschnitt zeigt eindrücklich, dass sich die Lehrerin immer noch an der Unruhe in der Klasse stört, aber Probleme hat, sie still zu bekommen. Weder in den vorherigen beiden Sätzen, noch hier verlangt sie explizit nach Ruhe. Lediglich mit dem langgezogenen Sh-Laut ruft sie zur Stille auf. Das daran anschließende doppelte *hört mal* klingt für dieses Ziel aber wenig überzeugend, umso mehr in Verbindung mit dem Füllwort *äh*. Die Formulierung *hört mal* kennt man für gewöhnlich eher bei kleinen Kindern, die den Erwachsenen etwas „Wichtiges" sagen wollen, ist für eine Lehrkraft aber unpassend. Damit beschneidet sie selbst ihre Rolle als Lehrerin und wirkt eher als Bittstellerin bei den Schülern, ihr doch endlich einmal zuzuhören. Die Schüler nehmen hier also eine gewisse Erwachsenenrolle ein, wohingegen die Lehrerin als unmündiges Kind erscheint. Infolge des *hört mal* erwartet man als Zuhörer eine wichtige Information, die die Lehrerin wie folgt äußert:

Lehrerin: *ich finde das nicht gut weil, wenn es gongt zur pause dann <u>wollt</u> (betont) ihr auch raus.*

Anfangs wertet die Lehrerin hier etwas als *nicht gut*, ohne es näher zu definieren. Es wird aus diesem Satzstück erst einmal nicht ersichtlich, was ihr missfällt. Bezieht man die vorherigen Sätze mit ein, kann man schließen, dass sie immer noch die aufgekommene Unruhe als ungut empfindet. Zieht man hingegen den erklärenden Nebensatz hinzu, wirkt es gar so, als ob sie den Drang der Schüler nach Pause tadelt, was durch das betonte *wollt* zum Ausdruck kommt. Ferner hebt sie in diesem Satz wiederum den Gong zu einer Regelungsinstanz auf. Sie unterstellt den Schülern, dass sie *auch raus* wollen, *wenn es gongt zur Pause*. Dabei ist nicht ganz klar, wen oder was sie mit *auch* meint. Sie könnte entweder meinen, dass sie genauso wie die Kinder den Drang hat, in die Pause zu gehen, wenn es klingelt. Oder sie wirft ihren Schülern vor, dass sie in der aktuellen Situation in die Pause gehen wollen. Mit dieser Aussage macht die Lehrerin den Schülern also nicht deutlich, was ihr konkret missfällt. Sie scheint außerdem nicht das Bewusstsein dafür zu haben, dass die erhöhte Lautstärke durch eine nicht verständliche Aufgabenstellung ausgelöst worden sein könnte. Mit der offenbar zu lauten Klasse zeigt sie sich hierbei vollkommen überfordert, was auch an der grammatikalisch falschen Wortstellung deutlich wird.

Nach dem Ausdruck ihres Unmutes begründet sie weiter:

Lehrerin: *und deswegen müsst ihr aber <u>auch</u> (betont) .. zügig anfangen wenn es , zur stunde gegongt hat*

Die Lehrerin fordert hier die Schüler auf, *zügig* anzufangen, *wenn es zur stunde gegongt hat*. Das vorangestellte *und deswegen* sowie das *auch* beziehen sich wohl auf den vorherigen Satz und bringen hier zum Ausdruck, dass die Schüler schnell anfangen müssen, damit sie pünktlich in die Pause gehen können. Im Umkehrschluss folgt daraus, dass die Schüler nur eine verkürzte Pause haben, wenn sie nicht mit dem Gong bereit sind zu arbeiten. Damit unterstellt sie ihren Schülern, dass sie nicht gearbeitet hätten, nachdem es geklingelt hat. Aus der Situation heraus kann man aber sehr wohl erkennen, dass die Schüler der Aufgabenstellung nachkommen wollen. Aufgrund von teilweisen Irritationen unter den Schülern scheint sich zwar die Lautstärke zu erhöhen, der Arbeitswille ist davon aber nicht beeinträchtigt. Demzufolge handelt es sich bei der Aussage der Lehrerin um eine Geringschätzung der Anstrengungen der Schüler. Jegliche Bestrebungen der Schüler, die Aufgaben selbstständig oder einander helfend zu lösen, werden so missbilligt und im Keim erstickt. Abermals reflektiert die Lehrerin nicht, ob ihre Aufgabenstellung unverständlich oder gar zu schwierig ist, und sucht die Fehlerquelle allein bei ihren Schülern. Die Möglichkeit, dass die Schüler einander helfen, um gemeinsam zu einem Ergebnis zu kommen, lässt sie hier vollkommen außer Acht und beharrt auf ihrer Position:

> Lehrerin: *ssonst nich* richtig *(undeutlich) dann ham wir zu wenig zeit*.

Die Lehrerin gibt hier erneut eine Wertung ab. Sie findet es *nich richtig*, wenn die Schüler nicht zügig anfangen zu arbeiten, sobald es geklingelt hat. Das vorangestellte *ssonst* verweist auf die konkrete Situation und zeigt auf, dass der Lehrerin die Arbeitsweise ihrer Schüler nicht gefällt. Die negativ wertende Aussage stellt also wiederum jede Bemühung der Schüler in Abrede. Sie begründet ihre Haltung damit, dass sonst *zu wenig Zeit* zur Verfügung stünde. Diesen Satz kann man durchaus als Vorwurf an die Schüler ansehen, dass sie die Zeit bisher nicht effektiv zur Bearbeitung der Aufgaben genutzt haben. Mit diesem Satz unterstellt sie allen Schülern also einen gewissen Arbeitsunwillen und lässt anklingen, dass die bisherige Beschäftigung der Schüler mit den Aufgaben eine Zeitverschwendung für sie darstellte, weil sie nicht zum gewünschten Ergebnis gekommen sind. Dieser Einschub potenziert ihren Unmut über ihre Schüler und damit auch ihre Erwartungen auf ein so hohes Maß, dass sie kaum von den Schülern erreicht werden können. Die Erwartungen der Lehrerin scheinen hierbei viel zu hoch und unangemessen zu sein, was folgende Aussage klar macht:

> Lehrerin: *wir warten . darauf dass mehdi (Der Junge, der zu spät gekommen ist.) seine sachen auf dem tisch hat*

Hier fordert die Lehrerin von Mehdi, der zu spät zum Unterricht kam, dass er selbstständig und ohne vorherige Unterweisung *seine sachen auf dem tisch hat*. Durch die Verspätung kann Mehdi in dieser Situation gar nicht von den Aufgaben wissen, dennoch nimmt die Lehrerin dies von Mehdi an. Zusätzlich setzt sie ihn mit *wir warten* unter Druck und verlangt, dass er als zu spät Gekommener die Aufgabenstellung löst, an der einige Mitschüler vorher offenbar schon scheiterten. Dieses Maß an Selbstständigkeit ist für einen Erstklässler in der dritten Schulwoche nicht zu erwarten und zeigt eindrücklich, dass die Erwartungen der Lehrerin mit den Kompetenzen der Schüler nicht übereinstimmen. Spätestens hier hätte die Lehrerin die Aufgabenstellung nochmal wiederholen sollen, um zu gewährleisten, dass sie jeder Schüler lösen kann. Weil sie das aber nicht getan hat, verstärkt sie die Diversitäten in der Klasse. So wird sie nun einige Schüler in der Klasse haben, die ihr folgen konnten, und bereit für den folgenden Unterricht sind, andere, die noch nicht vollkommen imstande sind, mitzuarbeiten und Mehdi, der noch nicht mit den Aufgaben vertraut wurde. Dahingehend verwundert auch nicht folgende Frage eines Schülers bzw. einer Schülerin:

> Schüler/-in: *isch hab es nisch gefunden*

Hier äußert sich ein Kind dazu, dass es das Buch *nisch gefunden* hätte. Dies bestätigt die These, dass noch nicht alle Schüler die Aufgabenstellung erfasst haben und eine Wiederholung des Auftrages angebracht gewesen wäre. An dieser Stelle könnte die Lehrerin jetzt noch einmal neu formulieren oder dem Kind eine Hilfe geben, damit es eigenständig das Buch findet. Im Sinne der Inklusion hieße es, dass die Lehrerin individuell auf ihre Schüler eingeht und den Schwächeren Hilfestellungen gibt, um jedem die gleiche Chance der Partizipation zu geben. Die Lehrerin scheint jedoch wenig auf den individuellen Förderbedarf einzelner Schüler bedacht:

> Lehrerin: *meine liebe sonam (malt einen blauen Stern an die Tafel. das symbol für ein weiteres buch) du hast vielleicht nicht zugehört,*

Sie spricht ihre Schülerin Sonam direkt mit *meine liebe* an, was in diesem Fall sehr negativ konnotiert ist. Diese Ansprache gibt Sonam eine Sonderstellung in der Klasse und macht den Eindruck, als hätte sie etwas Schlimmes getan. Dies verbindet sie mit der Anschuldigung, dass Sonam *vielleicht nicht zugehört* hätte, und stellt sie damit vor der ganzen Klasse bloß. Ohne es näher zu hinterfragen, geht die Lehrerin sofort von einem Fehlverhalten ihrer Schülerin aus. Weder zieht sie hier eine unverständliche Aufgabenformulierung ihrerseits, noch eine langsamere Auffassungsgabe der Schülerin in Betracht. Sonam scheint offensichtlich mit der Fülle der Aufträge überfordert, aber anstatt darauf einzugehen, malt die Lehrerin ein weiteres Symbol an die Tafel. Sie scheint mehr darauf bedacht, ihren Plan abzuarbeiten, als sich Gedanken über die Probleme ihrer Schüler zu machen. Zieht man die obigen Aussagen noch mit ein, so sieht sich die Lehrerin zeitlich nicht imstande, die individuellen Bedürfnisse ihrer Schüler zu berücksichtigen. Trotzdem scheint die geringe Empathie mit der Schülerin nicht erschöpfend durch die Zeitnot erklärbar. Sie zeigt sich von den Problemen ihrer Schülerin geradezu genervt:

> Lehrerin: *ich , habe gesagt das mathebuch ist im korb . und es sieht <u>so</u> (betont) aus*

Nun erklärt sie Sonam, dass das Mathebuch im Korb sei und wie es aussieht. Dabei betont sie aber, dass sie dies schon gesagt habe und untermauert damit ihre Anschuldigung, dass Sonam nicht zugehört habe. Durch diese Aussage scheint es so, als ob Sonam die einzige ist, die das Buch noch nicht gefunden hat, was einer Zurschaustellung gleichkommt. Sie hebt also die Schwierigkeiten Sonams heraus und stellt sie gewissermaßen als wenig kompetent dar. Durch das *und sieht so aus* wirkt Sonam als unfähig, das Mathebuch zu finden. Hiermit setzt die Lehrerin Sonam vor ihren Mitschülern herab und gibt zu erkennen, dass sie wenig von ihr hält. Dies ist eine starke Demütigung, da die Lehrerin die offensichtliche Schwäche Sonams öffentlich in der Klasse vorführt. An dieser Stelle hätte sie auch einen Mitschüler, der die Bücher bereits gefunden hat, bitten können, Sonam zu helfen, um sie nicht bloßstellen zu müssen. Die Lehrerin widmet sich jedoch weiter Sonam:

> Lehrerin: *im korb im korb isses ... (sonam schaut noch im Stehsammler) du hast da nicht den korb es ist im korb hörst du*

Während Sonam im Stehsammler nach dem Buch sucht, wiederholt die Lehrerin mehrmals, dass sich das Buch im Korb befindet. Die Lehrerin scheint hier sehr ungeduldig mit Sonam zu sein, worauf zuerst *im korb im korb isses* hindeutet. Statt ihr aber aktiv bei der Buchsuche zu helfen, wiederholt die Lehrerin nur immer wieder, dass das Buch im Korb sei. Das anschließende *du hast da nicht den korb es ist im korb* lässt Sonam beinahe als dumm und begriffsstutzig erscheinen. Die Lehrerin geht überhaupt nicht auf Sonam ein, sondern gibt immer wieder nur Informationen, wo das Buch ist, ohne zu hinterfragen, wo das Problem liegt. Das nachgestellte *hörst du* unterstreicht nochmals die geringe Empathie beim Umgang mit Sonam und zeigt eindrücklich, dass die Lehrerin wenig bedacht auf die Probleme ihrer Schülerin ist. Ihr scheint es allein darum zu gehen, dass alle Schüler die Aufgaben nach ihrem Schema abarbeiten. Auf Abweichungen von diesem Plan reagiert sie wenig verständnisvoll und geht von dem Unwillen ihrer Schüler aus. Eine kritische Reflexion über ihre Aufgabenstellung oder ein Hinterfragen der Schülerprobleme findet dagegen nicht statt:

> Schülerin: *ich hab da hingeguckt*

Hier beteuert Sonam, dass sie bereits *da hingeguckt* habe. Mit *da* meint sie den Korb, in dem sich das Buch nach Meinung der Lehrerin befinden soll. Mit dieser Aussage begründet Sonam, warum sie, anstatt im Korb zu suchen, noch im Stehsammler nach dem Buch Ausschau hält. Damit offenbart sie der Lehrerin, dass sie bereits im Korb nachgeschaut hat, wo sie das Buch aber nicht finden konnte. Sonam begründet also, warum sie trotz der eindringlichen Worte der Lehrerin nicht im Korb sucht. Das kann durchaus als eine Art Hilfegesuch an die Lehrerin verstanden werden. Diese hat zwar ununterbrochen den Aufenthaltsort des Buches genannt, ist ihrer Schülerin anscheinend aber nicht helfend zur Hand gewesen, noch hat sie einen Schüler gebeten, Sonam zu helfen. Das zeigt eindrücklich, dass sie von ihren Erstklässlern ein hohes Maß an Selbstständigkeit abverlangt, was jedoch nicht jedes Kind leisten kann. Anstatt ihrer Schülerin aktiv zu helfen, setzt sie weiterhin auf deren Selbstständigkeit:

> Lehrerin: *es liegt da drin guck mal nach , sonam und den stehsammler zurück ,*

Die Lehrerin wiederholt, dass das Buch *da drin* liegt, womit sie erneut den Korb meint. Dies verbindet sie mit den Aufforderungen *guck mal nach sonam und den stehsammler zurück*. Während die Lehrerin in den Aussagen davor nur die Tatsache, dass das Buch im Korb ist, angeführt hat, so fordert sie Sonam nun explizit auf, im Korb nachzusehen und den Stehsammler zurückzulegen. Im Vergleich zu den vorherigen Sätzen wirkt diese Aussage ruhiger und überlegter. Auch in Anbetracht der vorangegangen Äußerungen der Lehrerin wird deutlich, dass sie Sonam zur vollständigen Selbstständigkeit schulen möchte. Aus diesem Grund gibt die Lehrerin ihr keine aktiven Hilfen, sondern beharrt darauf, dass sie das Buch alleine findet. Diese Autonomie ist aber trügerisch, da Sonam letztlich nur durch die strikte Beharrlichkeit der Lehrerin auf das Buch stoßen wird. Die Lehrerin versucht also in diesem Fall durch gezielte Interventionen, Sonam zur Selbstständigkeit zu lenken. Hierbei missachtet sie aber, dass ihre Schülerin dadurch nicht selbstständig das Buch findet, sondern nur durch die Lehrerin angeleitet wird. Sonam wird in diesem Sinne also fremdbestimmt und kann somit keine eigentliche Autonomie erlangen. Deswegen wäre es besser gewesen, wenn sie Sonam entweder aktiv geholfen oder einen Mitschüler gebeten hätte, Sonam zu helfen. So hätte sie verhindern können, dass Sonam überfordert und ihr natürliches Autonomiebestreben gehemmt wird. Die Hilfe durch einen Mitschüler hätte zusätzlich zu einem Erfolgserlebnis für beide Kinder führen können, wohingegen die Fixierung der Lehrerin auf Sonam den Versuch autonomen Handelns mit einem negativen Empfinden verknüpft hat. Eine Hilfe durch die Mitschüler wäre gerade in Anbetracht, dass auch noch andere Kinder mit der Buchsuche überfordert sind, hilfreich gewesen:

> Lehrerin: *so berzan wie lange müssen wir denn noch auf dich warten ... so und jetzt lässt du sonam da be-/eben bitte vorbei*

Nun lässt die Lehrerin von Sonam ab und fragt Berzan, wie lange sie *denn noch auf* ihn *warten müssen*. Das deutet darauf hin, dass auch er noch nicht alle Bücher gefunden hat. Wie Sonam wird jetzt auch Berzan unter Druck gesetzt, indem die Lehrerin es so darstellt, als müsste seine ganze Klasse auf ihn warten. Sie stellt also wieder einen ihrer Schüler in den Fokus und wählt Worte, die einer Anschuldigung gleichkommen. Durch die Wortverbindung *wie lange müssen wir noch warten* argumentiert sie wieder mit dem Zeitaspekt und macht Berzan den Eindruck, dass er der Klasse die Zeit stiehlt. Das *noch* deutet sogar an, dass er durch sein „Fehlverhalten" schon seit längerer Zeit den Unterrichtsverlauf erheblich beeinträchtigt. Hier erfolgt also ebenfalls keine Reflexion darüber, warum Berzan die Aufgaben nicht erledigt haben könnte, sondern die Lehrerin geht gleich von einer fehlenden Bereitschaft aus. Die Anschuldigung verbindet sie mit der Aufforderung, Sonam vorbeizulassen. Zwar enthält dieser Satz *bitte*, wirkt durch die Einleitung mit *so und jetzt* aber, als ob Berzan im Weg ist und dort stört. Mit diesen Aussagen stilisiert sie Berzan gar als störendes Element und Ausbremser, der seine Klasse am Lernen hindert, und charakterisiert ihn damit als kontraproduktiv für die Gemeinschaft. Am Beispiel Sonams und Berzans kann man erkennen, dass die Lehrerin sehr stark auf die Schwächen ihrer Schüler eingeht und die lernschwächsten Kinder vor den anderen Klassenkameraden mit ihren Aussagen bloßstellt. Zur Vermeidung derartiger Diffamierungen hätten sich die Kinder untereinander helfen können, womit beide Seiten profitiert hätten. Die lernstärkeren Schüler hätten sich in Erklärung üben können und die lernschwächeren wären weniger vorgeführt worden. Damit hätten beide Schülergruppen ein gewisses Maß an Selbstständigkeit erworben, ohne zu stark von der Lehrerin fremdbestimmt zu werden. Dennoch setzt die Lehrerin auch in einem Fall auf Kooperation:

> Lehrerin: *(zu asaja der Banknachbarin von yelin) wir brauchen das mathebuch kannst du ihr helfen . das muss weg*

Hier bittet die Lehrerin ihre Schülerin Asaja, ihre leicht gehbehinderte Banknachbarin Yelin beim Finden des Mathebuches zu unterstützen. Die Ansprache an Asaja wirkt sehr freundlich und steht damit im Kontrast zu den bisherigen Äußerungen der Lehrerin, die von einer gewissen Ungeduld und Bestimmtheit geprägt waren. Aus dem Satz *das muss weg* ist zu entnehmen, dass Yelin bereits ein Buch geholt hat, das aber offenbar das falsche war. Während die Lehrerin sonst auf die vollkommene Selbstständigkeit ihrer Schüler bedacht ist, lässt sie Yelin das Mathebuch mit Hilfe ihrer Banknachbarin holen.

Die kurzen Sätze und ihre Äußerungen davor deuten darauf hin, dass dies aufgrund von Zeitnot geschieht. Die Lehrerin scheint aber auch einen Unterschied zwischen Sonam und Yelin zu machen. Während sie beharrlich Sonam dazu drängt, dass sie ihr Buch alleine findet, gestattet sie Yelin – wenn auch relativ spät im Unterrichtsverlauf – die Hilfe ihrer Banknachbarin. Damit fördert sie erneut die Diversitäten in der Klasse und gibt den Anschein, dass Yelin aufgrund ihrer leichten Gehbehinderung die Hilfe ihrer Banknachbarin in Anspruch nehmen darf. Sonam und Berzan, die offenbar noch Schwierigkeiten haben, dem Unterricht aufmerksam zu folgen und damit die Aufgabenstellungen nicht richtig erfassen können, haben dieses Privileg dagegen nicht, weil die Lehrerin von Anfang an davon ausgeht, dass sie nicht mitmachen möchten.

3. Zusammenfassung

Aus diesem Fall lassen sich einige Chancen und Probleme eines inklusiven Unterrichtssettings herauslesen. Es hat sich deutlich gezeigt, dass Inklusion in der Schule nicht nur die Eingliederung von Kindern mit offensichtlichen Behinderungen bedeutet, sondern dass auch Schüler mit individuellen Lernschwächen in das Unterrichtsgeschehen inkludiert werden müssen.

Für eine gelungene Inklusion bedarf es daher einer Lehrkraft, die eine große Empathie für ihre Schüler hat und diese mit ihren Schwächen und Stärken so annimmt, wie sie sind. Fehlt dieses Einfühlungsvermögen, so kann es wie in dem Beispiel passieren, dass der Lehrer individuelle Schwächen seiner Schüler fehldeutet und als Unwillen auslegt. Das heißt aber auch, dass der Lehrer die Leistungen und Anstrengungen seiner Schützlinge würdigen sollte, so dass sie darin bestärkt werden, aktiv am Unterricht teilzunehmen. Eine Geringschätzung der Bemühungen führt dagegen dazu, dass der Schüler vor seiner Klassengemeinschaft bloßgestellt und von dieser dadurch ausgeschlossen wird. Viele Situationen kann der Lehrer dabei auch durch angemessene und klare Formulierungen entschärfen.

Bei einem inklusiven Setting sollte der Lehrer ein gutes Maß zwischen den individuellen Bedürfnissen der Schüler und der Klasse als Gemeinschaft gewährleisten. Das heißt, dass jeder Schüler die Möglichkeiten erhält, die er benötigt, um das gemeinsame Ziel zu erreichen. Dabei sollte der Lehrer darauf achten, dass keinem Schüler, so wie in dem konkreten Fall geschehen, ein Hilfsmittel vorenthalten wird, was er genauso braucht wie ein anderer. Am besten scheint sich deswegen eine Gruppenarbeit zu eignen, in der lernschwächere und lernstärkere Schüler unabhängig von ihrer Behinderung gemeinsam Aufgaben lösen. Durch die gegenseitige Hilfe profitieren beide Seiten, da sie sich weitestgehend autonom Sachverhalte aneignen und durch das Erreichen gemeinsamer Lernziele ein Erfolgserlebnis verspüren. Durch diese relativ freie Gruppenarbeit kann es zu ganz neuen Perspektiven kommen, denen sich der Lehrer nicht verschließen sollte. Daraus folgt aber auch, dass die Lehrkraft anders als im Beispiel an einigen Stellen vom Plan abweichen muss, um auf die neuen Sichten angemessen zu reagieren. Frontalunterricht kann dagegen dazu führen, dass der Lehrer bewusst oder unbewusst die lernschwächeren Schüler durch überambitionierte Aufgabenstellungen und unpassende Äußerungen bloßstellt.

An dem Fall erkennt man aber auch deutlich, dass ein großer Zeitdruck auf den Lehrern lastet. So müssen sie den Schülern immer mehr Stoff bei einer geringer werdenden Anzahl an Unterrichtsstunden beibringen. Bei einer zusätzlichen inklusiven Beschulung fällt es deswegen schwer, den individuellen Förderbedarfen aller Schüler gerecht zu werden. Es herrscht also eine gewisse Diskrepanz zwischen der zur Verfügung stehenden Zeit und der Erfüllung aller Schülerbedürfnisse, mit der die Lehrkräfte zurechtkommen müssen. Dies ist eine sehr große Herausforderung, mit der nicht jeder Lehrer gleich umgehen wird und was zu Problemen führen kann, wie man am Beispiel sieht.

Daraus kann also geschlussfolgert werden, dass Inklusion in der Schule mithilfe empathischer Lehrkräfte, die sich auf neue Perspektiven einlassen können, möglich ist. Gewährt der Lehrer den Schülern individuell angepasste Lernhilfen und gestattet ein kooperatives Arbeiten untereinander, so kann dies zu einem konstruktiven und angenehmen Lernklima in der Klasse führen, wovon alle Schüler profitieren. Das inklusive Setting kostet aber auch viel Zeit, die nicht in jedem Fall ausreichend zur Verfügung steht. Aus diesem Grund kann es schwer fallen, sich auf alle Schüler gleichermaßen einzulassen, ohne jemanden zu bevorzugen oder zu benachteiligen.

BEI GRIN MACHT SICH IHR WISSEN BEZAHLT

- Wir veröffentlichen Ihre Hausarbeit, Bachelor- und Masterarbeit

- Ihr eigenes eBook und Buch - weltweit in allen wichtigen Shops

- Verdienen Sie an jedem Verkauf

Jetzt bei www.GRIN.com hochladen und kostenlos publizieren